ORAISON FUNÈBRE

DE

Mgr PIERRE-ANASTASE PICHENOT

ARCHEVÊQUE DE CHAMBÉRY

PRONONCÉE PAR

Mgr FAVA, évêque de Grenoble,

AU SERVICE SOLENNEL

le 16 novembre 1880,

DANS LA BASILIQUE MÉTROPOLITAINE

CHAMBÉRY
IMPRIMERIE CHATELAIN, SUCCESSEUR DE F. PUTHOD
4, AVENUE DU CHAMP-DE-MARS, 4.

1880

ORAISON FUNÈBRE

DE

MGR PIERRE-ANASTASE PICHENOT

ARCHEVÊQUE DE CHAMBÉRY

PRONONCÉE PAR

Mgr FAVA, évêque de Grenoble.

Pietas ad omnia utilis est.
La piété est utile à tout.
(1re Épitre de saint Paul à Timothée. chap. IV, v. 8.)

MESSEIGNEURS, [1]
MES FRÈRES,

La mort vous a ravi trop tôt votre pieux Archevêque. Si elle se fut moins hâtée, vous auriez pu l'aimer de plus en plus et j'aurais eu le bonheur de le mieux connaître; il avait droit à cet amour grandissant de votre part, et, de la mienne, à un éloge plus digne de lui.

[1] Mgr PAULINIER, Archevêque de Besançon, NN. SS. TURINAZ, évêque de Tarentaise, ROSSET, évêque de Maurienne, ISOARD, évêque d'Annecy, de BRIEY, coadjuteur de Meaux, GROS, ancien évêque de Tarentaise, le P. Abbé de l'Abbaye royale d'Hautecombe.

Aussi, Mes Frères, je m'unis à vous pour pleure ce père de vos âmes, et regretter aussi les fatigue survenues au Vénérable Évêque de Limoges. Am de notre bien-aimé Défunt, il vous en eut parl avec les accents éloquents dont il a le secret.

Je l'avoue, cependant, je m'estime heureux d pouvoir louer Monseigneur Pichenot devant c noble auditoire, où il ne compte que des fils ai mants, et d'avoir l'honneur de déposer, sur s tombe à peine fermée, l'hommage de ma respec tueuse affection, unie à l'admiration qu'a su faci lement m'inspirer l'étude, trop rapide, hélas! d sa vie, qui fut, comme sa mort, celle d'un saint

A l'exemple de Jésus-Christ, son modèle adoré il savait cacher les trésors de son âme sous l voile de la simplicité; seule, sa piété apparaissai aux yeux des hommes. Il l'eut dérobée aussi à tou les regards, s'il n'était de son essence d'être fièr d'elle-même et de son devoir de se montrer hardi ment.

En effet, comme vertu, la piété nous apprend honorer notre père, notre mère, notre famille, no concitoyens, notre patrie; comme don du Saint Esprit, elle nous incline avec force et suavité aimer Dieu comme un père, à lui rendre publique ment tous les devoirs dus à sa bonté infinie, sur tout à ne jamais rougir de lui. Or, Mes Frères, j vous le demande : où est l'esprit assez mal fait pou blâmer l'enfant qui honore ses parents, le chrétien attentif envers son Dieu?

Louons donc votre Archevêque de cette admirabl piété, qui fût la grâce de son enfance, l'ornement d son adolescence, la beauté de sa jeunesse, la force de son âge mûr, la couronne de son sacerdoce, et la gloire de son épiscopat. Sur son lit de mort, elle formait autour de sa tête comme une auréole mystérieuse, présage de son éternelle félicité : *Pietas ad omnia utilis est; la piété est utile à tout :* elle a les promesses de la vie présente et de la vie future.

N'est-ce pas elle aussi, Mes Frères, qui vous groupe en ce moment au pied de cet autel où habite votre Dieu, auprès de cette tombe où repose le corps de votre Archevêque, ce corps sanctifié par les onctions du baptême, de la confirmation, du sacerdoce et de l'épiscopat, qui en est la plénitude; ce corps, en quelque sorte divinisé par la Sainte-Eucharistie, rendu plus cher encore à vos cœurs d'enfants par la dernière onction, qu'il reçut sous vos regards, prêtres et fidèles, avec la ferveur d'un prédestiné, alors que vous mêliez vos larmes aux prières de l'Église, larmes pieuses dont il vous fût donné d'inonder ses mains paternelles. L'affection qu'il portait à ses ouailles semblait le retenir parmi vous; votre piété filiale aurait voulu aussi l'enchaîner pour longtemps encore à la terre : vous sentiez que vous perdiez un pasteur digne de ce nom, un apôtre, un homme de Dieu. Oui, pleurez-le, et soyez fiers de l'avoir eu pour Archevêque. Gardez à jamais sa mémoire, ombragez sa tombe de gloire et d'amour, priez pour lui, invoquez-le lui-même, il est digne de tous ces hommages.

Il me souvient qu'un jour, parcourant les allées souterraines qui forment, autour de Rome, les catacombes, je lus sur la pierre d'un tombeau ce mot :

Casta, Chaste. Ce mot seul fut pour moi un long discours. Celle qui fut déposée ici, me disais-je, dans ce lit suprême, où depuis des siècles elle dort, est-ce une vierge, fût-elle une épouse? Je l'ignore. Ce que je sais, c'est qu'elle a été *Chaste, Casta.* Ce mot, que l'amour a gravé et que le temps a respecté, suffit pour que je m'agenouille devant cette tombe, tout embaumée encore du parfum de l'angélique vertu.

Eh bien, Mes Frères, si j'avais un mot à graver sur le tombeau de votre Archevêque, ce serait celui-ci : *Pius Pieux*, et ma main le tracerait avec d'autant plus de joie que la piété est gardienne, disons mieux : Mère de la chasteté. Ce mot si grand en lui même, si vrai en Mgr Pichenot, j'ai pu du moins le placer en tête de ce discours. Au jour des funérailles de ce Père chéri, je l'ai recueilli, tombant de vos lèvres elles-mêmes. Augustes Pontifes, vénérables Chanoines, prêtres émus de ce diocèse, fidèles dévoués, grands et petits, riches et pauvres, vous ne formiez qu'un concert unanime, et toutes vos voix disaient, avec l'accent de la sincérité et d'une filiale admiration : *Il était pieux !* Cette parole, je l'ai emportée dans mon cœur, ne me doutant pas que j'aurais à vous la redire, comme éloge funèbre de celui qui nous est ravi. Puissé-je, en la redisant, ne rien lui ôter de l'éclat et de la chaleur qu'elle avait en sortant de vos cœurs et de vos lèvres.

Mgr Pichenot était pieux ; *la piété est utile à tout, pietas ad omnia utilis est :* ce sera tout mon discours.

La piété est comme un bien de famille dans la maison de votre vénérable Archevêque.

Reportons-nous, pour en être convaincus, à l'année 1796. Le règne de la Terreur n'avait pas encore pris fin dans notre France, qui serait le plus beau pays du monde, si le démon de la Révolution ne venait sans cesse le troubler, jaloux de notre bonheur et plus encore des œuvres de Dieu, que la paix et la liberté chrétiennes savent toujours multiplier parmi nous, au profit du monde entier. Cette dernière pensée, Mes Frères, appartient à un homme de génie, enfant de la Savoie, et je vous la restitue : j'ai nommé le Comte de Maistre.

A l'époque que nous avons dite, beaucoup d'églises restaient fermées. Les prêtres proscrits cherchaient un abri pour s'y cacher et y exercer les fonctions de leur ministère sacré.

A Nuits-sous-Ravière, une famille aisée de la Bourgogne avait offert à l'un de ces fugitifs un asile. Cet acte aurait pu coûter à ses auteurs la ruine et la mort; mais la crainte ne les arrêta pas. Aussi Dieu les en récompensa. Parmi les faveurs qui leur furent accordées, se trouve celle que nous célébrons en ce moment.

En effet, ces chrétiens courageux composaient la famille Pichenot. C'est sous leur toit que le 24 novembre 1796, à minuit, l'hôte accueilli dans la maison fut prié de bénir l'union de Claude-Gabriel Pichenot, revenu des campagnes de la République. Il épousait une jeune personne du pays : Mademoiselle Catherine Varet.

M. Caverot, notaire royal du Bailliage de Nuits, père de notre vénéré Métropolitain, le Cardinal-Archevêque de Lyon, avait rédigé le contrat de mariage et servi de témoin.

Dieu donna quinze enfants à ces époux chrétiens : Mgr Pichenot en fut le quatorzième.

Veuillez remarquez, Mes Frères, commenl la divine Providence sait se souvenir des services rendus à l'Église, en appelant à glorifier cette Épouse du Christ, les enfants des confesseurs de la Foi. D'un côté, je vois un Archevêque, de l'autre, un Cardinal. Et s'il m'était permis de m'unir à eux, je vous dirais que j'appartiens aussi à des parents qui abritèrent des prêtres à l'époque dont nous parlons, et que j'ai été ordonné prêtre et sacré Évêque par un Prélat issu d'une famille qui, sous la tourmente révolutionnaire, préparait publiquement les enfants à la première communion. Cet Évêque est aujourd'hui revêtu de la pourpre romaine ; il combat pour l'honneur de l'Église comme autrefois travaillaient pour elle ses généreux parents. Vous l'avez peut-être nommé avant moi : le Cardinal-Archevêque de Toulouse.

Mes Frères, soyez bons pour l'Église et ses ministres ; en retour, vous serez bénis de Dieu, bénis en vous-mêmes, bénis dans vos enfants jusqu'aux générations les plus reculées, et j'aime à rappeler devant ce grand auditoire une pensée qu'exprimait naguère l'un des plus vaillants défenseurs de l'Église à notre époque. Il disait que les grands défenseurs de la patrie, les grands magistrats, les missionnaires et les apôtres modernes étaient fils des confesseurs de la foi ; ceux-ci remontaient aux Croisés, et les Croisés, eux-mêmes, aux familles qui ont donné leur sang à l'Église primitive : aux Martyrs. Oui, ô mon Dieu, vous êtes juste, vous êtes généreux, vous êtes magnifique en vos bienfaits ! Vous n'oubliez pas même le verre d'eau froide offert en votre nom au voyageur qui a soif, surtout si ce passant est un fugitif arraché par la persécution aux autels du Christ, votre Fils. Oui, vous êtes terrible pour les persécuteurs impénitents de votre Église, mais d'une bonté ineffable pour ses défenseurs. Gloire à vous, ô Tout-Puissant !

Vous dirai-je l'enfance du jeune Anastase Pichenot, Mes Frères, enfance toute remplie de signes révélateurs de sa vocation ? La paroisse de Nuits se souvient encore des processions enfantines qu'il organisait avec ses frères et ses sœurs ; qu'il présidait avec la gravité et la piété qui ne l'abandonnèrent jamais. Il avait établi lui-méme une chapelle dans une chambre de la maison paternelle, et c'est là qu'il se retirait ; là que, petit enfant, raconte sa famille, il avait dressé un autel où il offrait à Dieu des fleurs, des fruits, quelquefois de l'argent. Si on lui demandait la raison de ses actes, il répondait : « J'ai voulu faire plaisir au Bon Dieu. »

Ces choses sont naïves, je le sais. Je les rappelle cependant pour vous supplier, pères et mères de famille, de laisser agir l'Esprit de Dieu dans l'âme de vos jeunes enfants. Ne croyez pas que vous soyez seuls à les aimer : au ciel, il y a un Père, de qui vient toute paternité, à qui ces petits sont plus chers qu'à vous-mêmes, qui a donné le sang de son Fils unique pour les racheter, qui envoie son Esprit pour les guider, en leur imprimant de saintes pensées, des inspirations célestes. Ce divin Esprit remplit dans le monde des âmes une mission mystérieuse. Semblable au soleil qui prodigue sa lumière au plus petit des insectes et sa chaleur au moindre brin d'herbe caché dans la pierre du rocher, qui vivifie l'arbuste aussi bien que le chêne majestueux, l'Esprit de Dieu, aussi, *donne l'intelligence aux enfants ; intellectum dat parvulis ;* il soutient le faible, il console le malheureux, il donne la vertu aux pauvres déshérités des biens de ce monde. Sachez-le, Pères et Mères, l'Esprit-Saint *souffle où il veut; ubi vult spirat.* Ne le contristez pas, ne le contrariez jamais, ne *l'éteignez pas surtout; spiritum nolite extinguere.*

Mon Dieu ! que ces vérités sont peu comprises de nos jours ! Avec quelle insouciance on traite l'âme de l'enfant, avec quelle cruauté on met sous ses yeux le spectacle du vice, avec quelle rage on s'efforce de l'arracher au Christ, à son Église, à sa foi, à ses autels ! Ils ne se cachent plus dans leurs projets homicides, et ils disent : *nous voulons déchristianiser le monde.* Prenons-y garde, Mes Frères, le Christ, si doux, si calme, un jour s'est levé devant la foule, ses entrailles se sont émues, comme celles d'un père dont on immole les enfants, et il s'est écrié avec une voix divinement puissante, pour que tous les siècles l'entendissent : *Malheur, malheur à ceux qui scandalisent ces petits qui croient en moi!* Mes Frères, que ces malédictions ne retombent pas sur nous ! N'arrachez pas les âmes à Jésus-Christ ni à son Esprit.

Protégé par ses pieux parents, le jeune Anastase grandissait en âge et en sagesse, à l'exemple du Fils de Dieu, qui a voulu passer par la simplicité de de l'enfance. Celui qui tout petit avait dit : « Je veux faire plaisir au Bon Dieu, » marchait dans cette voie de l'amour céleste et de l'obéissance à ses parents. Ceux-ci trouvaient leur bonheur à le voir grandir, lui et ses frères et ses sœurs, sous le regard de Dieu et de la Vierge, sa Mère. Beau spectacle, Mes Frères, que celui d'une famille chrétienne ! C'est vrai, il y â des douleurs, des inquiétudes, des angoisses, si vous le voulez, pour élever de nombreux enfants; mais aussi le Père du ciel n'abandonne pas les pères de la terre, et Marie, notre Mère à tous, a des tendresses pour les mères qui savent obéir à son divin Fils et l'invoquer. Si à la naissance du jeune Anastase, un ange du ciel était venu dire à sa mère : ce petit enfant que vous venez de mettre au monde, un jour, sera le sauveur des âmes qu'il instruira; il montera à l'autel du Seigneur, il sera revêtu de la plénitude du sacerdoce et glorifié parmi ses frères. Certes, cette mère chrétienne eut plus vite encore oublié ses douleurs. L'ange, sans doute, n'est pas venu ; mais la faveur a été accordée, la famille bénie et le Christ glorifié par ce 14e enfant.

C'est au Christ, c'est à l'Église que se dévouait le jeune Pierre-Anastase Pichenot, quand il priait au pied des autels avec une ferveur angélique;

quand, avide de faire sa première communion, il écrivait en grandes lettres, sur son livre de prières, le nom de Jésus, et qu'il y collait ses lèvres pieuses comme pour le manger et le boire. Qui donc avait révélé à cet enfant le mystère de la communion spirituelle et ce témoignage d'amour à peine compris d'un autre âge? Heureux enfant, *ce n'est pas la chair, ni le sang qui t'ont dit ces choses; mais ton Père qui est dans les cieux.* C'est pourquoi, Dieu t'a choisi pour devenir une pierre brillante de son Église.

A cette époque, le jeune Anastase faisait chaque matin une demi-heure de chemin, à pied, pour aller recevoir, dans une paroisse voisine, Nuits n'ayant pas alors de curé, une leçon de latin, qu'il méditait en revenant dans sa famille, chaque jour, par la pluie, par la neige, bravant ainsi l'inclémence des saisons. Il ne se doutait pas alors que la divine Providence le formait aux courses apostoliques du missionnaire, et aux visites pastorales qui devaient plus tard le conduire à travers le diocèse de Sens, et enfin dans les Pyrénées et les Alpes.

Lorsque le temps en fut venu, notre jeune aspirant au sacerdoce fut envoyé au Petit-Séminaire d'Auxerre pour y achever ses études, souvent couronnées de succès. De là il se rendit au Grand-Séminaire de Sens, où sa piété lui concilia l'estime de ses maîtres et de ses condisciples. Enfin, il alla passer deux ans à Saint-Sulpice, à Paris; il était alors âgé de vingt-quatre ans.

« Mgr Pichenot, écrit Mgr l'Évêque actuel de Quimper, habitait à Saint-Sulpice la cellule voisine de la mienne. Mieux que personne, j'ai pu être témoin de sa régularité, de sa piété, de sa bonté. Jamais je ne l'ai vu manquer au règlement de la maison. Son recueillement était pour nous l'indice de la vie intérieure que ses écrits nous ont révélée. »

Vous entendez, Mes Frères, cette parole incomprise du monde, ou du moins si peu pratiquée par lui : *la vie intérieure.* Pendant dix années, notre jeune lévite venait de s'y former, sous la direction de maîtres habiles ; car, sachez-le, les jeunes gens du sanctuaire ont leurs exercices comme les jeunes militaires, et partout il faut des maîtres, soit pour se former à défendre la patrie, soit pour devenir apte à faire triompher la vérité dans le peuple et dans les âmes : ce qui est l'art des arts, *ars artium regimen animarum.* L'abbé Pichenot était formé à cet art divin.

Heureuse la paroisse qui possèdera un tel guide ! Il saura lui apprendre à s'élever au-dessus de la vie des sens, qui est avilissante ; au-dessus de la vie de l'esprit, qui est insuffisante, pour arriver jusqu'à la vie de la foi, qui n'est pas autre que la vie intérieure, et que saint Paul nous révélait en s'écriant : *Mihi vivere Christus est; ma vie à moi, c'est le Christ.*

Telle était la vie du jeune Anastase Pichenot, au sortir du séminaire. Pour alimenter cet amour divin qui déjà consumait son cœur, il avait composé un commentaire du Cantique des Cantiques avec les textes de saint Ambroise, qui s'y rapportaient. Le monde avait eu beau passer et repasser sous ses regards de vingt ans, avec ses enchantements, ses attraits et ses plaisirs enivrants ; il lui avait répondu : *Amo Christum ; j'aime le Christ. Dilectus meus mihi et ego illi ;* oui, *je l'aime, il s'est donné à moi, et je me suis donné à lui.*

C'est l'âme toute remplie de Celui qui seul peut nous donner un bonheur vrai sur la terre, et parfait dans le Ciel, que notre pieux lévite fut ordonné prêtre. Il avait déjà compris combien redoutable est la charge des âmes et il s'était dit : je me ferai bénédictin. Mais l'Esprit-Saint, *âme de l'Église*, dit saint Augustin, *anima Ecclesiæ*, l'avait choisi comme un vase précieux où le nom de Jésus renfermé serait porté à travers les villes et les campagnes sénonaises, jusqu'aux Pyrénées et aux Alpes.

Mgr l'Archevêque de Sens, de Cosnac, avait deviné ce jeune prêtre. Il le nomma vicaire de sa cathédrale et l'aima comme un fils. Souvent il le faisait asseoir à sa table pour le forcer à prendre une nourriture convenable à son tempérament.

L'aptitude remarquable de ce pieux vicaire pour l'instruction de la jeunesse le fit nommer aumônier du collège de Sens, où, pendant cinq ans, il remplit sa charge difficile avec un plein succès. Il était aimé de tous les élèves. Les plus grands surtout le suppliaient de venir se mêler à eux, dans leurs récréations. De ces rapports habituels, d'où il savait bannir la familiarité, il résulta pour les enfants un bien réel, qui fut la continuation de l'éducation chrétienne de la famille. N'est-ce pas un malheur, Mes Frères, pour la jeunesse, je vous le demande, de ne pas retrouver dans les écoles, au moins l'image lointaine de la famille : un maître qui sache aimer l'enfant et travailler à former son cœur à la vertu, en même temps que son esprit à la science?

En 1848, l'abbé Pichenot fut nommé curé de Saint-Pierre de Sens, seconde paroisse de la ville par son importance. Pour réaliser ces paroles du divin Maître : *Je connais mes brebis et mes brebis me connaissent*, le jeune curé voulut connaître les siennes. Il fit la visite complète de sa paroisse. Pas une famille ne fut oubliée. Cette démarche, paraît-il, étonna par sa nouveauté. Mais la piété du pasteur fit bientôt comprendre que si elle déplaisait à quelques-uns, elle était agréable à Dieu. Finalement, elle porta de grands fruits dans les âmes et lui concilia l'estime de tous. La paroisse de Saint-Pierre garde de ce guide éclairé, de ce père aimant et généreux, un impérissable souvenir.

M. Pichenot avait alors trente-six ans. Il fut nommé curé-archiprêtre de la Cathédrale, paroisse importante qu'il dirigea pendant dix ans. Durant ce laps de temps, il la visita trois fois complètement. Il se faisait toujours accompagner d'un de ses vicaires; de sorte que les familles, connaissant le clergé, ne craignaient pas de faire appeler le prêtre auprès des malades. Personne, à moins d'accident, ne mourait sans sacrement.

Le pieux Archiprêtre de la Cathédrale avait compris que le ministre des autels est Jésus-Christ lui-même continué et perpétué à travers les siècles et les nations. Or, Mes Frères, Jésus a parlé à son Père et aux hommes. Verbe Éternel, il parle à son Père pour sauver l'humanité; Verbe Incarné, il parle aux hommes pour les instruire. Durant sa vie apostolique, il y ajoutait les œuvres de miséricorde.

De ce grand enseignement, il nous reste le *Pater*, en quelques mots, et l'Évangile, en quelques pages ; ou plutôt, disons qu'il nous reste deux choses, qui n'en font qu'une : le Crucifix et le Tabernacle : Jésus-Hostie, l'*Agneau immolé dès l'origine du monde*, *Agnus occissus est ab origine mundi.* Voilà le vrai livre des peuples ; mais, comme celui de l'Apocalypse, il est scellé de sept sceaux, et nul ne peut l'ouvrir si ce n'est l'Agneau lui-même, et ceux à qui il lui plait d'accorder cette grâce. Aussi, Mes Frères, j'estime que pour l'apostolat il faut plus que du génie, il faut de la piété. Bossuet, à mon avis, a été plus grand dans ses méditations, ses élévations sur les mystères et ses sermons, où il chante le Verbe-Incarné, que dans ses oraisons funèbres où il loue les grands de la terre, avec quel éclat cependant, vous le savez.

Eh bien : Mes Frères, cette piété s'est rencontrée dans la belle âme de l'Archiprêtre de la Cathédrale de Sens. Il a parlé divinement de Jésus-Hostie, de Jésus immolé sur le Calvaire, de Jésus toujours victime sur nos autels et dans le tabernacle. Ces accents, vous les avez entendus, heureux paroissiens de Saint-Pierre et de la Cathédrale de Sens, vous en avez été ravis, nourris, élevés jusqu'aux régions de la vérité et de la ferveur ; vous en vivez encore, car une âme pieuse les a recueillis et, un jour, les a offerts à celui qui en était l'auteur. Ainsi nous furent conservés, quoique décolorés, ces ouvrages intitulés : *l'Évangile de l'Eucharistie ; Traité pratique de l'éducation maternelle ; les Psaumes du dimanche ; le Pater ; la Prière de l'Église ; les Paraboles évangéliques*. Dans ces pages pleines de doctrine, d'onction, toutes brûlantes de l'amour de Dieu, de son Christ, de sa Mère, de l'Église, du Souverain Pontife et des âmes, on sent un cœur qui vivait intimément avec son Dieu, dans l'oraison. Disons-le, s'il a été le chantre de l'Eucharistie, c'est parce qu'il en était l'adorateur assidu ; s'il sut imprimer à ses paroissiens, à la ville et au diocèse de Sens, l'amour de la prière et de l'adoration du Saint-Sacrement, c'est parce qu'il aimait lui-même la prière et l'autel ; s'il fut un homme puissant en œuvres, c'est que son cœur était passionné pour le Bien, et que le Bien, dit le Docteur angélique, est *diffusif de lui-même; bonum sui diffusivum*.

Elles sont nombreuses les œuvres qu'il a fondées étant curé, ces œuvres pieuses et charitables qui font naître la piété chez les indifférents, l'entretiennent et la font croître chez ceux qui la possèdent. Vous n'en aurez qu'un résumé quand j'aurai nommé, soit pour la paroisse de Saint-Pierre, soit pour la cathédrale de Sens : la Sainte-Enfance ; — la Miséricorde ou visite des pauvres ; — les Mères chrétiennes ; — la bonne Mort ; — l'Adoration perpétuelle ; — la Confrérie des hommes pour le Saint-Sacrement ; — la Messe des écoles le dimanche à neuf heures, avec instruction appropriée à l'auditoire ; — Messe des pauvres avec instruction et distribution d'aumônes ; — Archiconfrérie réparatrice des blasphèmes et du travail du dimanche ; — l'Œuvre de Saint-François de Sales ; — la Conférence de Saint-Vincent de Paul ; — l'exercice du Chemin de la Croix, tous les vendredis de l'année, auquel on croit qu'il ne manqua jamais; — le Rosaire-Vivant; etc.

Si vous ajoutez à la direction de ces œuvres, celle des communautés religieuses d'hommes et de femmes dont, pendant dix ans, il fut le père spirituel, la composition de ses sermons qu'il préparait avec soin, les longues heures passées au confessionnal, les visites aux malades, sa correspondance, les rapports obligés d'administration ou de convenance, vous vous demanderez, Mes Frères, comment un homme seul peut suffire à tant de labeurs. Et je vous répondrai : *pietas ad omnia utilis est ; la piété est utile à tout,* elle multiplie les forces, elle soutient la santé, elle épargne le temps, elle transforme les obstacles en moyens, se sert de la tempête pour mener son navire au port, se fait tout à tous, s'oublie elle-même, met la gloire de Dieu et le salut des âmes avant tout; en un mot, d'un homme qui sait dire comme votre Archevêque : « Je veux faire plaisir au Bon Dieu, » elle en fait un apôtre, un saint, un autre Christ.

Témoin et appréciateur de ses mérites, Mgr Mellon Joly le nomma vicaire général. M. Pichenot remplit cette charge avec le zèle, la douceur et la fermeté que sait imprimer à une belle âme la droiture d'intention. Notre Seigneur disait : *si votre œil est simple, tout votre corps sera dans la lumière; si oculus tuus fuerit simplex, totum corpus tuum lucidum erit;* c'est-à-dire, si l'intention qui vous guide est droite et a Dieu pour objet, toute votre vie sera lumineuse, surnaturelle, méritoire pour l'Éternité.

Qu'il est bon, Mes Frères, dans l'administration,

soit religieuse, soit civile, de se dire : *Je veux faire plaisir au Bon Dieu*, et d'agir en conséquence ! Qu'il est noble de regarder le ciel et de mépriser les vains calculs de la terre ! Ce qui fait les saints est aussi ce qui fait les grands hommes ; ce mot de Jésus-Christ : *Qui vult post me venire abneget semetipsum ; qu'il se renonce celui qui veut me suivre. L'oubli de soi*, voilà le christianisme ; l'amour de soi, voilà le paganisme, qui nous envahit chaque jour. Heureusement que de vrais chrétiens se lèvent aussi parmi nous et, foulant aux pieds les avantages de ce monde, s'écrient avec un roi de France : « *Tout est perdu fors l'honneur !* » Grâce à Dieu, Mes Frères, nous serons sauvés par ces hommes de cœur, qui savent aussi boire dans le creux de la main et compter sur Dieu.

Oui, il faut un but lumineux, surnaturel, divin, car tant vaut le but que se propose un homme, tant vaut cet homme lui-même ; tant vaut son but, tant valent ses actions ; tant vaut sa vie, tant vaudra son éternité.

C'est pourquoi, le Clergé et le diocèse de Sens comprirent l'élévation d'âme de leur nouveau vicaire général et lui donnèrent aussitôt leur confiance. Afin de répondre aux désirs de son Archevêque, il avait établi l'adoration perpétuelle dans la ville et le diocèse de Sens ; aussi était-il appelé de toutes parts pour faire apprécier et goûter cette dévotion par excellence, qui, si elle régnait parm nous, transformerait la terre en un vaste chœur répondant aux anges du ciel, lesquels chantent sans cesse : *Sanctus, sanctus, sanctus, saint, saint,*

saint est le Dieu des armées; oui, l'adoration perpétuelle aiderait l'humanité à remplir le plus grand de tous ses devoirs : l'Adoration de Jésus-Christ, de Jésus-Hostie, puisque l'homme est avant tout *le Chanteur de Dieu,* comme le dit saint Ignace de Loyola, en tête de ses exercices inspirés : *Creatus est homo ut laudet Deum.*

M. l'abbé Pichenot se donna tout entier à Dieu et à son Archevêque, pendant neuf ans. Il accompagnait Mgr Bernadou dans ses visites pastorales, qu duraient quelquefois quatre mois. Partout il annonçait la parole de Dieu avec un zèle admirable, souvent avec un à-propos saisissant. De retour à Sens, il reprenait la direction de ses œuvres, le travail de l'administration diocésaine, et il trouvait encore le temps de confesser de nombreux fidèles qui tenaient à sa direction. Il ne refusait pas d'entendre les pauvres ; loin de là, c'était son bonheur, et chaque samedi, avant que la porte de l'église ne fût ouverte, on le trouvait priant sur le seuil et attendant de pouvoir entrer pour confesser les domestiques et les femmes du peuple.

C'est là, dans l'ombre du confessionnal, qu'un jour il reçut une dépêche ministérielle. Il la lut, termina son travail et partit pour Paris. « Nous « savons de source certaine, nous a-t-on écrit, qu'il « refusa Nantes, à cause de l'éclat de ce siège, « Oran, vu son climat, et il accepta Tarbes, par « amour pour Notre-Dame de Lourdes. »

Quand il arriva dans son diocèse, une lettre l'avait précédé. Je me croirais coupable, Mes Frères, de ne pas vous la lire ; vous partagerez mon avis, j'en suis sûr, quand vous l'aurez entendue. Elle sera d'ailleurs comme une sanction à mes paroles et un sceau d'authenticité mis sur la réputation de haute piété, dont alors déjà jouissait Mgr Pichenot.

Comme vous le verrez, cette lettre est une réponse; mais cette réponse vaut un long discours, et je crois qu'elle eut été à elle seule un éloge complet de notre vénéré Défunt.

« Monsieur, les journaux ne vous ayant donné qu'un sec et rapide résumé biographique sur votre futur évêque, je comprends votre légitime impatience et votre désir d'avoir sur Mgr Pichenot quelques détails qui excitent dans vos cœurs les sentiments d'estime et d'affection dont vous serez heureux de l'entourer.

« Pour vous faire connaître Mgr Pichenot et vous faire apprécier le trésor que vous allez posséder en nous le ravissant, il n'y a qu'à retracer sa vie apostolique parmi nous; c'est la période la plus apparente de sa carrière, car Dieu seul sait tout le bien qu'il fit modestement pendant les trente années de labeur sacerdotal auquel il se livra dans la ville de Sens comme vicaire, aumônier de lycée, curé, chanoine, archiprêtre et vicaire général.

« L'amour de l'Église et de la Sainte-Eucharistie grandissait de jour en jour dans cette âme d'élite; cet amour se traduisait par des accents qu'une âme reconnaissante eut la bonne pensée de ne pas laisser s'éteindre entièrement, et qui, bien que froids et décolorés, nous émeuvent encore dans l'*Évangile de l'Eucharistie*.

« Devenu Vicaire général, l'horizon s'élargissait et

s'accroissait avec son zèle pour l'Eucharistie, lequel trouva son plein épanouissement naturel dans l'établissement de l'adoration perpétuelle, œuvre bénie entre toutes.

« Il semble que l'auteur de l'*Évangile de l'Eucharistie* ait été désigné dans les desseins de la Providence pour établir chez nous la dévotion au Saint-Sacrement, la promouvoir dans notre diocèse et lui faire porter des fruits abondants. Il me souvient qu'au début, dans un rapport pour l'établissement de cette œuvre que Mgr Pichenot lut devant tout le clergé assemblé en synode, il termina en demandant humblement à Monseigneur la permission de parcourir les villes et les campagnes, le bâton de pèlerin à la main, et de se faire le missionnaire dévoué de la Sainte Eucharistie. L'effet suivit de près les paroles, car bientôt le soleil de la radieuse Eucharistie se leva tour à tour sur chacune de nos paroisses pour les féconder et fondre la glace de l'indifférence.

« A ce moment, le zèle de Mgr Pichenot opéra des prodiges ; sa parole éloquente retentit à tous les coins du diocèse avec un succès toujours croissant. Son dévouement, secondé par nos rapides moyens de transport, ne connaissait plus de distance ; on était étonné de le rencontrer sur tous les chemins, accessible à tous ; il était au premier occupant et se rendait avec la même bienveillance dans les grandes villes et les plus modestes campagnes. Le zèle, le talent, le dévouement sans bornes que Mgr Pichenot déploya dans cette œuvre nous firent pressentir que ce trésor nous serait ravi un jour et que bientôt le bâton de pèlerin allait se changer en houlette de pasteur. Le sillon de bienfaits qu'il traçait parmi nous était trop lumineux pour que les anges du sanctuaire n'en fissent pas un prince de l'Église.

« Qui peut dire tout le bien qui s'opéra au contact de la Sainte Eucharistie, exposée à nos adorations solennelles? Églises restaurées, embellies, ornementées, culte mieux soigné, sacrements fréquentés, les ruines du sanctuaire réparées, les voies de Sion naguère encore tristes et désolées reprenant un air de fête inaccoutumé, toutes les œuvres de zèle qui languissaient plus ou moins recevant une impulsion nouvelle : tels sont quelques-uns des résultats dus à l'adoration perpétuelle. Par cette utile institution, Mgr Pichenot a imprimé au diocèse un mouvement ascensionnel incontestable; il a suscité dans les âmes un réveil de la foi des plus consolants; nous avons vu des paroisses, où tout était pour ainsi dire languissant et presque mort, *omne caput languidum*, retrouver une vigueur de jeunesse dont on ne les aurait jamais crues capables.

« La ville de Sens en particulier se rappellera longtemps l'impulsion de zèle et de charité que lui imprima son apôtre, et le bien qui se fit dans les réunions des Mères chrétiennes, encore une œuvre des plus utiles, éclose au contact du zèle de Mgr Pichenot. C'est dans ces réunions mensuelles que furent données les instructions publiées sous le titre de : *Traité de l'éducation maternelle.*

« Mgr Bernadou, témoin du succès de son vicaire

général et intelligent appréciateur du mérite, n'en choisit pas d'autre que Mgr Pichenot pour l'accompagner dans ses visites pastorales; la Providence voulait que ce diamant brillât sous toutes ses faces. Après avoir parcouru le diocèse comme missionnaire de l'Eucharistie, Mgr Pichenot dut le parcourir encore et s'y faire entendre de nouveau à l'occasion de confirmations. Il s'y dépensa avec une ardeur qui faillit compromettre sa santé. Que de fatigues, mais aussi que de succès oratoires ! Rien ne saurait rendre l'actualité, le charme et l'à-propos des discours et des improvisations prononcés dans ces circonstances.... Le naturel, la spontanéité, l'élévation de la pensée, le charme de la diction, la finesse de la saillie, la chaleur de l'accent, le bonheur de l'expression, la justesse du trait, donnaient à son éloquence ce je ne sais quoi d'irrésistible qui vous charmait et vous subjuguait. »

C'est sous ces auspices que Mgr Pichenot arrivait dans son diocèse; le passé éclairait l'avenir.

Nommé par décret impérial du 3 mars 1870, préconisé le 27 juin, et sacré à Sens le 21 août 1870, il allait offrir à Notre-Dame de Lourdes notre France avec ses plaies sanglantes, notre patrie bientôt mutilée.

Pendant trois ans, le zélé et pieux prélat continua les courses apostoliques auxquelles il se livrait dès longtemps. Maintenant c'était plus qu'un vicaire général, parlant pour son Évêque, il était devenu lui-même père de ce troupeau qu'il évangélisait; il en avait le cœur, il en avait les accents. Il visita une à une les trois cent vingt-cinq paroisses de son diocèse, administrant partout le sacrement de la Confirmation, distribuant abondamment le pain de la parole aux populations avides de le recevoir. « On se souvient encore de son passage, écrit Mgr Jourdan, évêque actuel de Tarbes, dans les localités les plus reculées et les moins accessibles, et on répète avec bonheur ce qu'on a pu retenir de ses discours.

« Vous savez, du reste, ajoute Monseigneur, combien le saint prélat était d'un accès facile, plein de mansuétude dans ses rapports avec le clergé et ses diocésains, toujours dévoué et prêt à entendre ceux qui avaient recours à lui. Sa sensibilité si pleine de délicatesse ne lui permettait de rester indifférent à rien de ce qui pouvait intéresser son peuple ; il est même permis de croire qu'elle a été pour beaucoup dans la maladie si douloureuse qui a mis fin à ses jours. »

Ces quelques lignes tracées par un juge si compétent suffisent à faire connaître un épiscopat tout entier et à le glorifier.

Le 15 août 1871, le bonheur de bénir la basilique élevée à Notre-Dame de Lourdes fut accordé à Mgr Pichenot. Le premier, il y célébra le divin sacrifice de la messe.

Le 6 octobre 1872, il présidait cette belle fête, où la France entière affirma sa foi. Dans la magnifique procession de ce jour mémorable, on vit briller, déployées au vent de la colline, les bannières de tous les sanctuaires de Marie. Elles venaient saluer l'Immaculée-Conception, qui avait touché de son pied virginal les roses des roches Massabielles, et fait retentir la grotte et les rives du Gave de sa voix céleste.

Le 8 décembre 1872, Sa Grandeur élevait un temple spirituel en l'honneur de Marie Immaculée, destiné à grouper sous le regard de l'auguste Reine des Pyrénées tous ses enfants de la terre : j'ai dit l'archiconfrérie de l'Immaculée-Conception de la Grotte.

Son cœur était dans la joie de pouvoir ainsi honorer la Mère du Fils de Dieu. Comment n'aurait-il pas aimé tendrement la Vierge Marie, lui qui aimait si ardemment Jésus?

La piété, dit saint Thomas d'Aquin, si on la considère comme vertu, s'étend aux parents de nos parents et même à leurs amis. On a cessé d'aimer un père et une mère, quand on n'a plus que de la haine pour leur famille. De même, envisagée comme don du Saint-Esprit, la piété nous apprend à aimer Dieu avec sa famille : son Fils, Marie, sa Mère, Joseph, son père nourricier, ses anges, ses saints, son Église, son vicaire sur la terre, ses prêtres, ses Congrégations religieuses, les pauvres; en un mot, tout ce que Dieu aime. *Pietas ad omnia utilis est; la piété est utile à tout.* Tels étaient les sentiments de l'heureux et pieux gardien du sanctuaire de Notre-Dame de Lourdes. En retour, cette divine Mère le comblait de ses faveurs. Elle l'attirait à elle, à son cœur maternel, elle se l'unissait par des liens ineffables que le monde ignore, par des joies intimes que ne sait pas l'âme humaine, et auprès desquelles les bonheurs de la terre, si parfaits soient-ils, ne sont rien. O monde! crois-tu donc que la faculté d'aimer n'ait été créée de Dieu qu'au profit de la créature s'attachant à la créature, et que l'amour d'une âme pour un Dieu invisible, pour le Christ, caché dans nos tabernacles, pour sa Mère, n'ait pas aussi ses joies enivrantes? Serait-il vrai que Jésus-Christ ait abdiqué la royauté des âmes, qu'il réclamait devant Pilate avec une autorité suprême, ou bien faut-il dire que ce Roi des Rois abandonne ses sujets à leur misère native et à des douleurs sans consolation? Ne le croyez pas, Mes Frères, et celui qui allait devenir votre Archevêque le savait bien. Il portait dans son sein un feu caché, une de ces flammes qui l'embrasaient d'amour pour le Christ et sa Mère, un de ces traits qui blessent le cœur délicieusement et le font vivre de sa blessure. N'avez-vous pas remarqué, en effet, comment il aimait, quand il le pouvait, à se retirer à l'écart, à être seul? On le croyait triste : non, il conversait avec son Dieu, avec sa Mère; il trouvait dans ces entretiens un incomparable bonheur. *Conversatio nostra in Cœlis est; notre entretien est avec le Ciel*, disait saint Paul. Or, Mes Frères, au Ciel, il n'y a pas de tristesse. Mgr l'Évêque de Tarbes appelle Mgr Pichenot : le saint Prélat. C'est la couronne qu'il a déposée sur sa tombe. Eh bien, Mes Frères, la grande maladie des saints, c'est le désir de voir Dieu face à face. Lisez votre Archevêque et vous en serez convaincus; vous direz avec nous que ce fut là vraiment la maladie qui conduisit son corps au tombeau et son âme au Ciel.

L'Évêque de Tarbes visitait la partie de son diocèse qui confine à l'Espagne, lorsqu'une dépêche ministérielle lui apprit que le siège vacant de Chambéry lui était offert. Il en fut profondément troublé. Quitter le sanctuaire de Notre-Dame de Lourdes ! Le Clergé du diocèse, si bon, si attentif pour lui ! Ces prêtres si unis entre eux ! Ces populations si pleines de foi, à qui était venue la Vierge Immaculée ! Quel sacrifice pour son âme de pontife et de père !

Il ne voulut ni accepter ni refuser la charge qu'on lui imposait, sans consulter son Vénérable Métropolitain. Mgr de Langalerie, Archevêque d'Auch, après avoir tout examiné, lui dit : allez à Chambéry.

Brisant alors tous les liens qui le retenaient, il partit et vint vers vous, Mes Frères. « Je suis donc voué aux montagnes, disait-il alors. Je quitte les Pyrénées pour les Alpes : je serai encore plus près du ciel. »

Ici, il vous appartiendrait, Mes Frères, de prendre la parole et de dire vous-mêmes ce que la piété inspira à votre saint Archevêque en faveur de sa nouvelle famille. Vous qui avez été ses conseillers, parlez-nous de la pureté de ses intentions. A-t-il jamais voulu autre chose que la gloire de Dieu, la sanctification de son clergé, la bonne formation des lévites aux vertus et à la science sacerdotales, la ferveur croissante chez les Congrégations religieuses, l'évangélisation sérieuse, pieuse et constante du peuple, en un mot, le salut des âmes ? Mieux que nous, Vénérables Chanoines de cette Métropole, avec la longue expérience que vous avez des hommes et des choses, vous avez vu que votre Archevêque était un homme d'oraison, l'adorateur assidu, disons continuel, du Saint-Sacrement, un ange à l'autel. Jésus-Christ était sa vie, sa lumière et son guide ; dites-le vous-mêmes à ce noble auditoire.

Vous qui partagiez ses labeurs, qui portiez avec lui le poids de son administration, qui le suiviez dans ses courses apostoliques, à travers ce diocèse qu'il visita trois fois pendant les sept années qu'il lui fut donné de passer avec vous, dites s'il avait désappris la langue de l'apostolat, l'amour de la Sainte Eucharistie, le zèle des âmes et les autres vertus que, partout, dans sa vie passée, on avait admirées en lui. Vous, fidèles diocésains qui l'avez connu, ne pensez-vous pas de Votre Archevêque ce que l'Esprit-Saint disait de Simon, fils d'Onias : « Il a brillé dans le temple de Dieu comme une lumière éclatante ; *quasi sol refulgens, sic illè effulsit in templo Dei;* semblable à l'arc-en-ciel, qui est le sourire de Dieu aux hommes, il apparaissait à son peuple avec bonté, pleurant avec les affligés, partageant vos deuils de famille, vos joies aussi, charmant ceux qui savaient l'interroger, par la profondeur de sa doctrine, la simplicité de sa parole, par ce beau sourire où se peignait sa belle âme, *quasi arcus refulgens inter nebulas gloriæ;* pareil à la fleur du rosier qui aux jours du printemps embaume nos jardins, *quasi flos rosarum in diebus vernis*, il répandait lui-même la bonne odeur de Jésus-Christ dans le jardin de l'Église ; *et quasi lilia quæ sunt in transitu aquæ*, comme les lis qui sont sur le bord des eaux, il éblouissait les regards par la pureté de ses mœurs, puisée au Cœur Sacré de Jésus, fontaine divine d'où jaillit le sang qui blanchit les âmes et fait germer les vierges. Chaque jour, à cinq heures du soir, il consacrait une longue demi-heure à l'adoration de l'auguste Prisonnier de nos tabernacles, à qui il était heureux d'offrir l'encens de sa prière, *quasi thus redolens in diebus æstatis ;* son cœur était semblable à un brasier, *quasi ignis effulgens*, où l'encens jeté montait agréable vers le trône de Dieu, *thus ardens in igne*. Oui, ce Pontife selon le cœur de Dieu était l'ornement de votre église, *quasi vas auri solidum, ornatum omni lapide pretioso;* il a paru dans votre diocèse comme un olivier qui pousse ses rejetons, *quasi oliva pullulans*, il a multiplié les apôtres qu'il abrita sous l'égide de Notre-Dame de Myans, multipliant lui-même les serviteurs de Dieu par ses discours, ses lettres pastorales, ses lois synodales, l'institution de l'Adoration perpétuelle et la protection qu'il sut donner aux bonnes œuvres et aux associations pieuses.

Aussi, dans les deux visites qu'il fit, *ad limina*, fut-il comblé par Pie IX et Léon XIII des témoignages les plus éclatants de leur paternelle affection, parmi lesquels il convient de rappeler le titre insigne de Basilique, accordé à cette église.

Je ne saurais oublier moi-même la faveur qu'il voulut bien me faire de me visiter plusieurs fois, surtout aux jours si beaux de la consécration de l'église de la Salette et du couronnement de Notre-Dame, auguste Reine des Alpes. C'est Vous, Vénéré Prédécesseur, Ange de l'église de Besançon, sa lumière et sa force, qui consacriez cette autre Basilique, et nous ne songions pas alors que ce jour nous réunirait pour redire la grande édification que l'Archevêque de Chambéry apportait toujours à nos fêtes, et les grâces que ses prières ferventes nous obtenaient du Ciel.

Cependant l'heure allait sonner qui marquerait le départ de cette belle âme pour le ciel. Il s'écriait du plus profond de son âme : *Sitivit in te anima mea, mon âme a soif de vous, ô mon Dieu !* Il voulut cependant continuer son labeur jusqu'à la fin. Il avait publié, durant les sept années de son épiscopat à Chambéry, trente lettres pastorales ; il voulut que la dernière, publiée cette année, célébrât une fois encore l'œuvre aimée de son cœur : l'*adoration perpétuelle*. Il sentait venir la mort. « Notre chère Sa-
« voie, disait-il, est bien travaillée par l'esprit du
« mal. Nous tremblons. La vieillesse s'approche
« avec le triste cortège de ses infirmités et de ses
« douleurs ; nous sentons déjà le poids des années ;
« cependant nous nous ferons un devoir de rester
« au milieu de vous et de vous consacrer ce que
« nous avons encore de courage et de vie ; mais
« nous ne pouvons pas nous le dissimuler, nos
« forces ne répondront pas toujours à notre bonne
« volonté ; et si nous nous proposons de continuer
« par nous-même et tant qu'il plaira à Dieu, nos
« visites annuelles au milieu de vous, ces tournées
« pastorales devront être souvent moins longues et
« moins générales. Eh bien ! Nos Très Chers Frères,
« comme plusieurs de nos Vénérés Collègues, nous
« voulons appeler à notre secours *le Pontife éternel*,
« *l'Évêque et le Pasteur de vos âmes*. Nous le prierons
« de vouloir bien se faire notre suppléant et notre
« *Coadjuteur* auprès de vous. »

Voyez, Mes Frères, de quelle douce confiance usait votre Archevêque à l'égard de Jésus-Christ, son Dieu, mais aussi son père et son ami ; entendez ce beau langage, et dites s'il n'est pas celui d'un saint qui aspire à voir son Dieu ; on croirait entendre saint Ignace d'Antioche ; écoutez-le encore, ce père, tout embrasé d'amour pour son bien-aimé Sauveur, amour aussi tendre que profond.

« Nous ne pouvons aller trouver les brebis du « troupeau qu'à certaines époques, continue-t-il, « il ira, Lui — Jésus — tous les jours, d'un bout de « l'année à l'autre, se mêler à vos rangs et vous « bénir. Nous ne pouvons aborder que les princi- « paux centres ; il ira, Lui, partout. Rien ne pourra « l'arrêter ; il ne connaîtra pas d'écarts. La Sainte « Écriture nous le montre traversant les mon- « tagnes, franchissant les collines pour se rappro- « cher de ceux qu'il aime : *Saliens in montibus, tran- « siliens colles.* Nous ne pouvons nous adresser à « chacun de ceux-mêmes que nous visitons. Bien « que notre cœur vous soit ouvert, notre bouche « ne suffit pas aux épanchements du zèle et de la « charité ; il saura bien, *Lui*, se faire tout à tous et « proportionner ses enseignements aux besoins « particuliers de chacun. Personne ne sera mis « en oubli... »

Ne dirait-on pas le chant du cygne ? Ou plutôt ne croirait-on pas que ces paroles commencent ce magnifique testament qu'il laissera et qu'on lira sur son cercueil, comme un monument édifié par ses incomparables vertus et une vie toute de sainteté ? Ici, Mes Frères, il vous lègue, vous, son troupeau bien-aimé, vous, sa famille chérie ; vous qui habitez à la cime des montagnes inaccessibles, il se souvient de vous, et tous il vous confie au Cœur dont il sait, par expérience, la bonté infinie, au Cœur sacré du Bon Pasteur.

Ce pressentiment n'était que trop vrai. Monseigneur fit sa tournée pastorale avec une peine extrême. Cependant il voulait prêcher encore partout et même donner la sainte communion. Pendant les quarante jours de sa visite pastorale, les cérémonies duraient près de quatre heures ; souvent il fléchissait sous le poids de la fatigue. Mai et juin furent pris chaque semaine pour diverses cérémonies de premières communions, de confirmations, de prises d'habit, dans la ville métropolitaine. Il voulut le 15 août présider la procession qu'il avait établie ; mais déjà ses forces trahissaient son courage.

Le dimanche 16 septembre, il fit la consécration épiscopale du Vicaire apostolique des Iles Seychelles : cette longue cérémonie le fatigua beaucoup.

Le soir de ce même jour, il entra en retraite au Grand-Séminaire avec tous ses prêtres. Vous, Messieurs, qui avez été les témoins attendris de sa piété, de sa régularité à tous les exercices, de son invincible courage, parlez vous-mêmes, et dites l'aménité avec laquelle il vous reçut les lundi, mardi, mercredi et jeudi, dans sa chambre, puis en récréation, où il vous réunissait auprès de lui, par groupes. Il convoqua trois fois son conseil et assista à la séance qui eut lieu pour la caisse ecclésiastique et dura deux heures. Puis il voulut présider la réunion des supérieurs de ses maisons d'éducation.

Le jeudi, il faillit ne pouvoir achever la sainte messe ; ce même jour, il voulut faire la conférence de trois heures à ses prêtres, tout mourant qu'il fut, et il lut ses avis pastoraux d'une voix défaillante, recommandant à ses prêtres, la résidence, l'amour de leurs paroissiens, etc. A la fin, on l'entendait mieux, et alors il dit gracieusement à son auditoire : « Messieurs, vous m'avez guéri. »

Le vendredi, il était levé à quatre heures et demie. Il se traîna au Grand-Séminaire, appuyé sur le bras de son neveu, à qui ce spectacle arrachait des larmes de douleur et d'attendrissement. Il lui fallut vingt minutes pour aller de l'Archevêché au Séminaire, et s'il ne descendit pas à la chapelle, c'est qu'il en fut dissuadé par ses Vicaires généraux. On dût le transporter, vers neuf heures, chez lui ; il pleurait de se voir obligé de quitter ses prêtres. Les médecins appelés en toute hâte constatèrent l'état alarmant du malade. Il vécut encore dix jours, se préparant à mourir. Jusqu'au jour de sa mort, il se leva seul, remerciant ses serviteurs de leurs offres de service. Il continua à dire l'office du bréviaire ; il fallut lui ôter ses livres pour l'en empêcher.

Le dimanche du Saint-Rosaire, M. le chanoine Varet célébra la messe dans la chambre du malade et lui donna la communion en viatique. Le soir, à l'issue des vêpres, Monseigneur demanda à recevoir solennellement l'extrême-onction. Messieurs les chanoines et un nombreux clergé assistaient à cette touchante cérémonie ; une grande foule remplissait les corridors et les salons. Après la récitation du *Confiteor*, Monseigneur fit signe qu'il voulait parler. « Messieurs, dit-il, je vous remercie des « prières que vous adressez à Dieu pour le réta- « blissement de ma santé. Dieu fera de son servi- « teur ce qu'il voudra. Je vous remercie du concours « que vous m'avez donné dans les devoirs difficiles « et souvent pénibles de mon ministère. Veuillez « transmettre mes remerciements à tout le clergé « du diocèse. Remerciez aussi les fidèles des priè- « res qu'ils font pour moi. Je vous demande pardon « et je demande pardon à tous mes prêtres et à « tous les fidèles de la peine que j'ai pu leur cau- « ser. Les défauts de mon caractère, l'état de ma « santé sont la seule cause de la peine que j'ai « faite à quelques-uns : *Vox clamat sed cor amat.* « *La voix crie, mais le cœur aime.* »

Alors Monseigneur se recueillit et garda le silence pendant la cérémonie. Tous pleuraient. M. le Doyen du Chapître voulut adresser quelques paroles au vénéré Malade, mais les sanglots étouffèrent sa voix.

Alors commença le défilé des pieux fidèles de toutes conditions. Il dura plus d'une heure. Chacun s'agenouillait auprès du lit de ce pasteur mourant, et il bénissait avec la dignité et la piété qu'on admirait en lui aux jours des offices pontificaux. Cette scène était pour ce Père bien-aimé un vrai triomphe. Les personnages les plus considérables, mêlés aux ouvriers, des femmes et des enfants surtout, venaient le contempler une dernière fois et lui demander une bénédiction et un souvenir au ciel.

La nuit du dimanche au lundi fut bonne. Le lundi, Monseigneur se leva. Vers 10 heures, il se remit au lit et présida lui-même son conseil avec la lucidité de ses meilleurs jours, faisant à ses conseillers des observations qui les étonnaient par leur vérité. Il reçut quelques visites dans la journée. Le soir venu, il voulut rester seul. Cependant on le veilla. Une soif dévorante le consumait et il ne se plaignait pas. Il ne demandait pas même à boire. Comme il dut se souvenir alors de la soif de son adorable Maître, sur la croix, lui qui tant de fois avait médité Jésus Crucifié ! Sans doute, il se disait, lui, si pieux : Il était sur une croix, les mains et les pieds percés, suspendu à des clous, et moi j'ai un lit de repos ! Sa prière et son union à Dieu étaient remarquables. Jamais sa figure n'avait paru plus belle. Son âme, sa sainte âme le transfigurait. A minuit, il communia en viatique. Le matin, il voulut se lever ; mais après une demi-heure, il se recoucha ; le froid de la mort lui glaçait les mains. Il exprima sa reconnaissance à Mgr l'Évêque de Maurienne qui le visita. De midi à huit heures cinquante minutes, il bénit prêtres et fidèles qui venaient de toutes parts auprès de lui. Souvent il ne pouvait pas achever le signe de la Croix. Jamais il n'a autant béni que ce jour, qui fut celui de sa mort. Ses yeux se couvraient d'un voile, précurseur du trépas ; il ne voyait plus ses enfants, on les lui amenait et il les bénissait. Il n'eut pas d'agonie. Vers quatre heures, Mgr l'Évêque de Quimper, Mgr Mermillod, le Supérieur de N.-D. de Lourdes, son Éminence le Cardinal Caverot, lui dirent par dépêches qu'ils priaient pour lui ; il les remercia par signes.

A cinq heures, une dépêche du Cardinal Nina lui annonça que le Saint-Père priait aussi pour lui et le bénissait. Le neveu de Monseigneur s'approchant alors de l'auguste malade lui fit lecture du message. La figure du mourant s'illumina et il dit : je suis content. « Monseigneur, lui dit alors le secrétaire, son neveu, vous m'avez béni toute ma vie, permettez-moi de vous donner la bénédiction de Léon XIII : *au nom du Père, et du Fils et du Saint-Esprit;* et le malade, qui ava t les mains jointes, éleva sa droite et fit à moitié le signe de la croix.

Plusieurs fois encore il put bénir le clergé et les membres de sa famille. A huit heures, ses lèvres murmuraient les prières qu'on récitait auprès de lui.

Quelquefois, pendant sa vie, il avait demandé à mourir en évêque ; il fut pleinement exaucé, puisque l'ère du martyre n'est pas encore revenue pour l'épiscopat, à l'heure présente.

Les prêtres de la ville et les religieux se tenaient debout autour de son lit. Le malade respirait doucement, serrant avec amour, contre sa poitrine, le Crucifix. On eut dit qu'il s'unissait à Jésus mourant et que comme lui il prononçait ces mémorables paroles : *O mon Père, je remets mon esprit entre vos mains*, *in manus tuas commendo spiritum meum.* Tous les assistants faisaient silence, comme s'ils eussent respecté des êtres invisibles dont la présence se révélait par je ne sais quelle paix mystérieuse, dit un témoin, répandue sur cette scène pleine de grandeur. Le moment suprême arriva pour le Saint Évêque : un dernier souffle s'échappa de ses lèvres, sans la moindre convulsion : son âme était retournée à son Créateur, à son Père; à Jésus, juge souverain de tous les hommes.........

Maintenant, Mes Frères, que vous avez suivi votre Archevêque depuis son berceau jusqu'à sa tombe, depuis l'onction du baptême qui ouvre à l'âme les portes de l'Église jusqu'à la dernière qui la fait entrer au ciel, en compagnie de Jésus-Christ, pain et guide du voyageur, dites si jamais vous avez rencontré une vie plus admirable d'unité et se résumant mieux que celle-ci dans ce but unique : « *J'ai voulu faire plaisir au bon Dieu.* »

C'est la piété qui est la source de cette admirable unité. Elle a montré au jeune Anastase Pichenot, dès son entrée dans la vie, Dieu comme un Père, et il l'a aimé aussitôt. Il s'est écrié, avec l'aide de l'Esprit divin, qui prie en nous, *postulat pronobis, ô mon Père, ô mon Dieu !* La piété lui a fait voir, à travers les voiles eucharistiques, Jésus-Christ, vrai Fils de Dieu, et il l'a aimé; il s'est jeté à ses pieds, il l'a adoré, et le sauveur lui a dit : Mon fils, la place d'un enfant n'est pas aux pieds de son père, elle est sur son cœur, viens à moi; et Jésus a pris ce jeune enfant entre ses bras, il l'a porté avec amour sur son cœur paternel, ensemble ils ont cheminé ici-bas : jamais le fils ne perdait de vue le tabernacle, où était son Père; quand il s'en éloignait, son cœur aimant y restait uni aux anges du tabernacle pour y adorer avec eux l'Hôte divin confié à la terre, à la terre qui, si souvent, l'oublie, le méconnaît, le blasphème et l'outrage. C'est Lui, Lui Jésus, qui fut sa vie, parce qu'il fut l'objet de son unique et ardent amour. Il n'a vécu, travaillé et souffert que pour Lui et sa sainte Église ; sur son lit de mort, il pressait de ses mains défaillantes, sur son cœur demeuré vivant, le Crucifix, image de ce doux Sauveur. Son dernier souffle s'exhala sur sa poitrine sacrée, et son âme fut recueillie aussitôt par le Juge des vivants et des morts, devenu pour lui un sauveur et un ami.

O Père de ce diocèse, que la piété garde votre souvenir embaumé de vertu, qu'elle garde votre tombe, qu'elle en fasse sortir des grâces de persévérance pour les justes, de conversion pour les pécheurs, de bonheur vrai pour tous, en ce monde et dans l'autre ! Car *la piété qui est utile à tout*, *a les promesses de la vie présente et de la vie future.*

Ainsi soit-il.

4621. — Chambéry, imprimerie Chatelain, avenue du Champ-de-Mars, 4.

www.ingramcontent.com/pod-product-compliance
Lightning Source LLC
LaVergne TN
LVHW020252230826
846091LV00006B/2378

* 9 7 8 2 0 1 1 3 2 2 3 4 0 *